Anke Küpper
Erdbeerspinat und Riesenkohlrabi
Gärtnern für Kinder

mit Illustrationen von
Sandra Kretzmann und Arno Kolb

moses.

Die Ratschläge in diesem Buch sind vom Autor und vom Verlag sorgfältig erwogen und geprüft worden. Dennoch kann eine Garantie nicht übernommen werden. Eine Haftung des Verlages für Personen-, Sach- und Vermögensschäden ist ausgeschlossen.

Weiterhin erklären Autor und Verlag ausdrücklich, dass sie trotz sorgfältiger Auswahl keinerlei Einfluss auf die Gestaltung und die Inhalte der gelinkten Seiten haben. Deshalb distanzieren sich Verlag und Autor hiermit ausdrücklich von allen Inhalten aller Seiten und machen sich diese Inhalte nicht zu Eigen. Diese Erklärung gilt für alle in diesem Buch aufgeführten Links.

© 2010 moses. Verlag GmbH

moses. Verlag GmbH
Arnoldstraße 13d
47906 Kempen
Fon 0 21 52 - 20 98 50
Fax 0 21 52 - 20 98 60
Mail info@moses-verlag.de
www.moses-verlag.de

ISBN 978-3-89777-560-2

Alle Rechte vorbehalten. Die Reproduktion, Speicherung und Verbreitung dieses Buches mit Hilfe elektronischer oder mechanischer Mittel ist nur mit Genehmigung des Verlages möglich. Auch eine auszugsweise Veröffentlichung außerhalb der Grenzen des Urheberrechts bedarf der schriftlichen Zustimmung des Verlages.

Text: Anke Küpper
Titelgestaltung und Illustration (Igel und Mädchen): Sandra Kretzmann
Innenillustrationen: Arno Kolb
Innenfotos: fotolia, iStockphoto LP
Layout, Typografie & Satz des Innenteils: Melanie Dahmen
Lektorat: Elke Vogel
Redaktion: Clarissa Flender

© der Fotos Sonnenblume S. 15, Rattenschwanzrettich S. 15/43, Mingurke S. 15/40, Auspflanzen S. 17, Sommerflieder S. 34, Riesenkohlrabi S. 38, Junge S. 46, Mädchen S. 53, Jungen S. 53, Schmetterling S. 63, Kindergruppen S. 63 bei Bernd Kittlass, Köln.

© Foto Spazierstockkohl S. 43 bei Thompson & Morgan.

Für die Durchsicht des Manuskripts dankt die Autorin außerdem sehr herzlich ihrer Mutter Hannelore Küpper.

Printed in China

Im Buch eingelegt: 3 Samenteppiche, nachzubestellen über
www.moses-verlag.de/samenfuersbuch

Für spannende Tipps, anregende Nachmittage im Garten und die Durchsicht des Manuskriptes danken die Autorin und der Verlag sehr herzlich Bernd Kittlass, Leiter von Finkens Garten.

Inhaltsverzeichnis

Richtig Gärtnern

Gut ausgerüstet	6
Lege dein eigenes Beet an	8
Samen säen	11
Die Kinderpflanze des Jahres	15
Auspflanzen & Umtopfen – Umzug in ein größeres Zuhause	16
Gießen, Jäten, Düngen – dein Garten braucht Pflege	20
Kompost: Kraftfutter für deine Pflanzen	24
Reiche Ernte	26
So vermehrst du deine Pflanzen	30

Gartenbewohner

Ein Garten für Tiere	32

Spannende Pflanzen zum Anbauen

Gemüse: Riesenkohlrabi, Rattenschwanz & Co.	38
Duftpflanzen und Naschkräuter	46
Blüten zum Anbeißen: Veilchen, Kornblume & Co.	54

Das Gartenjahr

Frühling, Sommer, Herbst und Winter	58

Wichtige Adressen	62
Alle Pflanzen auf einen Blick	64

Willkommen in meinem Garten!

Hier findest du Erdbeerspinat und Kirschtomaten, gigantische Riesenkohlrabi, winzige Minigurken, Schokoladenblumen, Zitronenbasilikum und Blüten zum Anbeißen wie Kornblumen und Veilchen. Lauter spannende Pflanzen, die bald auch bei dir wachsen können.

Du brauchst nur die richtige Ausrüstung – und schon kannst du loslegen! Ich gebe dir gerne etwas von meinen Pflanzensamen ab und bringe dir bei, was Gärtner alles wissen müssen:

Schritt für Schritt, von der Aussaat bis zur Ernte. Denn du musst unbedingt meine köstlichen Rezepte ausprobieren: Blütenbrot, Kirschtomaten-Ketchup… Hmmm, lecker!

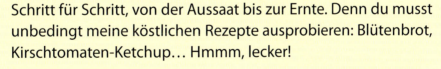

Und natürlich stelle ich dir auch meine Mitbewohner – Vögel, Insekten und Co. – vor und verrate dir meine ganz persönlichen Lieblingsspiele rund ums Gärtnern.

Viel Spaß wünscht dir **Bruno**

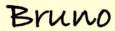

Gut ausgerüstet beim Gärtnern

Hier siehst du, was ein Gärtner alles braucht:

Gartengeräte

1. **Handschaufel**
2. **Spaten**
zum Umgraben und um Beetkanten und Rasen abzustechen
3. **Grabegabel**
zum Bodenlockern
4. **Grubber**
um den Boden nach dem Graben weiter aufzulockern und Erdklumpen zu zerkleinern. Du kannst damit auch Komposterde einarbeiten und jäten.
5. **Handhacke**
zum Bodenlockern und Jäten
6. **Harke**
(auch Rechen genannt) zum Bodenglätten und Laubharken
7. **Pikierstab**
um zu dicht stehende junge Pflänzchen auseinander zu pflanzen
8. **Gartenschere**
Vorsicht: scharf! Verwende sie nur, wenn ein Erwachsener dabei ist!
9. **Stangen**
zum Stützen von Pflanzen
10. **Schnur, Bindedraht**
11. **Gießkanne**
12. **Sprühflasche**
um ausgesäte Samen oder junge Pflänzchen vorsichtig zu befeuchten

Pflanzgefäße

13. **Saatschalen**
für die Aussaat
14. **Blumentöpfe, Balkonkästen**
15. **Folie**
zum Abdecken von Pflanzgefäßen während des Keimens
16. **Pflanzschilder, wasserfester Stift**

Kleidung

17. **Gartenhandschuhe**
zum Anfassen von Brennnesseln und dornigen Pflanzen
18. **Gummistiefel**
19. **Schürze**

Brunos Tipp!

Um mit dem Gärtnern loszulegen, brauchst du vor allem ein paar Blumentöpfe, eine Handschaufel und eine Sprühflasche. Für dein eigenes Beet im Garten kannst du zusätzlich eine Schaufel, eine Harke, eine Gießkanne und einen Grubber oder eine Hacke gebrauchen. Wenn du später deinen Garten vergrößern willst, lege dir doch nach und nach weitere Geräte zu.

Lege dein eigenes Beet an

Dein erstes Beet

Sollen deine Pflanzen in einem eigenen Beet wachsen? Vielleicht findest du im Garten eine Stelle zwischen anderen Beeten, wo noch nichts wächst. Sonst suche dir ein Stück Rasen, um dort ein ganz neues Beet anzulegen.

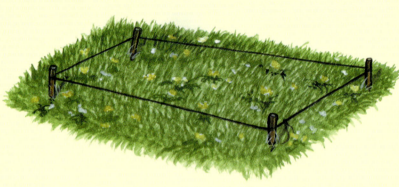

Brunos Tipp!

Wie groß wird dein Beet?

Dein Beet darf nicht zu breit sein, damit du an jede Pflanze gut herankommst. Messe nach, wie lang deine Arme sind. Sind sie etwa 40 cm lang, sollte dein Beet nicht breiter sein als 80 cm. So kannst du es von beiden Seiten bearbeiten, ohne hineinzutreten. Die Länge hängt ganz davon ab, wie viel du anpflanzen möchtest. Für die Pflanzen, deren Samen ich dir mitgebracht habe, reichen 150 cm aus.

Die Stelle für dein Beet sollte möglichst flach, sonnig und windgeschützt sein, damit sich deine Pflanzen später darin wohlfühlen. Messe zuerst ein Rechteck mit einem Zentimetermaß aus und markiere es mit Holzpflöcken und Schnur. Muss noch der Rasen mit dem Spaten abgestochen werden, bitte jemanden um Hilfe, denn das ist sehr anstrengend.

Lockerer, fruchtbarer Boden

Grabe den Boden um, lockere ihn mit der Grabegabel oder dem Grubber und entferne Wildkräuter (siehe S. 21: Jäten), Wurzeln und große Steine. So werden deine Pflanzen den Boden lieben. Denn wenn er schön locker ist, können sie leichter in die Erde wachsen und mehr Wurzeln bilden. Und je mehr Wurzeln eine Pflanze hat, umso besser kann sie ihre Triebe, Blüten und Früchte mit Wasser und Nährstoffen aus dem Boden versorgen – und umso reicher wird deine Ernte! Außerdem nimmt lockerer Boden besser Wasser auf als fester, und du brauchst später nicht so viel zu gießen.

In der Regel ist der Boden noch nicht fruchtbar genug und muss gedüngt werden. Mische dazu gekaufte oder selbst gemachte Komposterde (siehe S. 24) mit der Grabegabel unter. Anschließend harkst du alles mit der Harke glatt und gießt noch etwas. Fertig ist dein erstes eigenes Beet!

Lege dein eigenes Beet an

Lebende Zäune

Um dein Beet einzugrenzen, kannst du dir einen Zaun aus Zweigen flechten. Du brauchst dazu frisch geschnittene, unterschiedlich dicke Weiden- oder Haselnusszweige (die dickeren etwa daumendick, die dünneren fingerdick). Sie lassen sich am besten in der Zeit von Oktober bis Februar schneiden. Wenn der Boden nicht gefroren ist, kannst du gleich mit dem Flechten beginnen.

1. Schneide die daumendicken Zweige in etwa 50 cm lange Stöcke und stecke sie in etwa 50 cm Abstand rund um dein Beet 20 cm tief in den Boden. Sie werden schnell Wurzeln schlagen und deinen Zaun im Frühjahr grünen lassen. Wenn du deinen Zaun nicht grünen lassen möchtest, lass die dicken Zweige vollständig trocknen, bevor du sie in den Boden steckst.

2. Flechte die dünneren, fingerdicken, biegsamen Zweige ein. Führe einen ersten Zweig abwechselnd vor und hinter den Stöcken entlang. In der nächsten Reihe machst du es genau umgekehrt: Dort, wo der erste Zweig vorne war, ist der nächste hinten. Und so weiter… Gut angießen!

Brunos Tipp!

Gärtnern ohne Garten? Na klar!

Möchtest du auf dem Balkon oder der Fensterbank gärtnern? Kein Problem! Die Pflanzen aus meinem Garten wachsen auch in Kübeln, Balkonkästen, Eimern oder Blumentöpfen. Oder du legst dir ein Minibeet in einem kleinen Sandkasten oder einer mit dicker Folie ausgelegten Obstkiste an. Einfach gekaufte Blumenerde hineinfüllen, und schon kannst du loslegen mit dem Gärtnern.

Samen säen

Gemüse, Obst oder Blumen selbst aus Samen zu ziehen ist ganz leicht – und viel spannender, als sie „fertig" im Gartenhandel zu kaufen. Du wirst staunen, wie aus winzig kleinen Samenkörnchen in ein paar Wochen riesengroße Pflanzen wachsen!

Samen

Samen zum Säen heißen Saatgut und sind meist in Tütchen zu kaufen. Am einfachsten säst du aber mit Saatbändern, Saatscheiben oder kleinen Saatteppichen aus Papier. Darin ist das Saatgut so angeordnet, dass jedes Samenkörnchen genug Platz zum Keimen hat und die jungen Pflänzchen sich nicht gegenseitig Nährstoffe und Licht wegnehmen. Und keine Sorge: Das Papier löst sich vollständig in der feuchten Erde auf. Saatbänder sind ideal, um Kräuter, Salat oder Möhren in geraden Reihen im Beet zu säen. Runde Saatscheiben passen perfekt in Blumentöpfe. Den Platz in eckigen Saatschalen und Blumenkästen nutzt du am besten mit Saatteppichen.

Brunos Tipp!

Samen sammeln

Im Spätsommer ist „Erntezeit" für Samen. Sammle Samen von verblühten Blumen oder von Früchten, die du gegessen hast. Im nächsten Frühjahr kannst du sie dann aussäen. Sonnenblumensamen etwa lassen sich leicht lösen, wenn die Blüte vertrocknet ist. Auch Kürbis- und Tomatensamen sind recht einfach zu ernten.

Löse dazu aus dem Fruchtfleisch vollreifer Kürbisse oder Tomaten die Kerne. Das sind die Samen. Gib sie in ein feines Sieb und wasche sie sauber ab. Trockne nun die Samen auf Folie, Papier oder Küchenkrepp. Nach ein paar Tagen kannst du sie in Briefumschläge, Papiertütchen oder Streichholzschachteln abfüllen. Vergiss nicht, diese zu beschriften, und lagere sie trocken, dunkel und kühl. Selbst geerntete Samen halten sich so etwa drei Jahre.

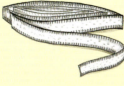

Samen säen

Drinnen oder draußen?

Die allermeisten Samen keimen nur, wenn es schön warm ist. Deshalb zieht man viele Pflänzchen wie z. B. Tomaten schon ab März im Haus vor und setzt sie erst Mitte Mai nach draußen. So gewinnst du viel Zeit und hast bereits im Frühsommer ein Beet, in dem es kräftig grünt und blüht.

Es gibt aber auch Pflanzen wie das Veilchen, die es zum Keimen kühl brauchen. Sie werden meist vor dem Winter im Freien ausgesät. Ob und wann du deine Pflänzchen drinnen vorziehen sollst oder ob sie gleich nach draußen dürfen, steht immer auf den Samentütchen.

Dunkel oder hell?

Viele Samen – wie z. B. Tomatensamen – musst du nach der Aussaat gut mit Erde bedecken, denn sie keimen nur im Dunkeln und werden daher als Dunkelkeimer bezeichnet. Andere Samen hingegen brauchen Licht zum Keimen. Dazu gehören Kräuter wie Basilikum, Thymian, Gartenkresse und Süßkraut. Auch Veilchen sind sogenannte Lichtkeimer. Decke diese Samen daher auf keinen Fall mit Erde ab!

Brunos Tipp!

Lies auf den Samentütchen nach!

Auf den Samentütchen siehst du, wie die Pflanze später aussieht. Außerdem erfährst du, wann, wo, wie tief und in welchem Abstand die Samen ausgesät werden, wie lange sie zum Keimen brauchen, wie groß die Pflanze später wird und wann Erntezeit ist.

So wird gesät:

1. Da verschüttete Erde und Wasser zum Gärtnern dazugehören, solltest du die Arbeitsfläche – vor allem, wenn du drinnen gärtnerst – zunächst mit alten Zeitungen abdecken.

2. Fülle eine Saatschale bis ungefähr 1 cm unter den Rand mit Erde und wässere sie ein wenig mit einer Gießkanne mit feiner Brause. Aussaaterde aus dem Gartenmarkt ist ideal zum Vorziehen deiner Pflänzchen. Sie ist garantiert keimfrei. So wächst auch nur, was du wirklich ausgesät hast.

3. Lege Saatteppiche, Saatscheiben oder Saatbänder nebeneinander auf die Erde. Säst du einzelne Samenkörnchen aus, bohre mit einem Holzstab kleine Löcher in die Erde und lege in jedes Loch ein Samenkorn. Achte darauf, dass du genügend Abstand zwischen den Löchern lässt, sonst sind sich die Pflänzchen beim Wachsen gegenseitig im Weg. Pflanzen, die bei Licht keimen, streust du nur auf der Erde aus. Mische feine Samen mit Sand.

4. Befeuchte die Samen vorsichtig, z. B. mit einer Sprühflasche, denn so unterschiedlich Samen auch sonst sind, haben sie doch eins gemeinsam: Alle brauchen Feuchtigkeit zum Keimen.

5. Bedecke deine Samen mit einer dünnen Erdschicht (außer die Lichtkeimer) und drücke die Erde gut an. Wenn auf den Samentütchen nicht anders angegeben, gilt als Faustregel: Die Erdschicht sollte so stark sein, wie der Samen dick ist.

6. Stecke nun noch ein Pflanzschild mit dem Aussaatdatum und Namen der gesäten Pflanze in die Erde. So weißt du immer genau, was da wächst.

7. Decke die Saatschale mit einem durchsichtigen Plastikdeckel ab. Das sorgt für feuchtwarme Luft, in der die Erde nicht so schnell austrocknet. Stelle die Saatschale an einen warmen hellen Ort, aber nicht in die Sonne.

Samen säen

Abwarten und gießen

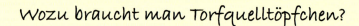

Halte die Erde feucht und sieh jeden Tag nach den Samen. Einige Samen keimen bereits nach ein paar Tagen, bei anderen dauert es mehrere Wochen. Säst du zum Beispiel Radieschensamen aus, gucken die ersten grünen Blättchen schon nach vier Tagen aus der Erde, Petersiliensamen brauchen ungefähr drei bis vier Wochen zum Keimen. Sobald du das erste Grün erblickst, solltest du den Deckel abnehmen, damit deine Pflänzchen genug Luft zum Atmen haben.

Brunos Tipp!

Dein Minigewächshaus

Statt Saatschalen und Blumentöpfe eignen sich auch Joghurtbecher und Obstkisten als Minigewächshäuser für die Aussaat. Überspanne sie mit Klarsichtfolie und steche kleine Löcher hinein. Auch eine durchsichtige Plastiktüte kann ein Gewächshaus ersetzen: Stelle einen Blumentopf hinein, bohre einen kleinen Stab in die Erde, damit die Tüte nicht in sich zusammenfällt, und binde sie oben zu.

Wozu braucht man Torfquelltöpfchen?

Torfquelltöpfchen sind eine tolle Sache für die Aussaat loser Samen. Die kleinen braunen Scheiben bestehen aus gepresstem Torf, so nennt man die nährstoffarme Erde aus dem Moor. Wenn du sie kräftig wässerst, quellen sie um ein Vielfaches auf. Es gibt spezielle Saatschalen für Torfquelltöpfchen. Du kannst sie aber auch einfach in kleine Joghurtbecher hineinsetzen. Torfquelltöpfchen haben in der Mitte ein kleines Loch. Lege jeweils ein Samenkorn hinein und drücke die Torferde um das Loch leicht zusammen. Dann immer gut feucht halten!

Die Kinderpflanze des Jahres

Die Kinderpflanze des Jahres

Was sind Kinderpflanzen? Kinderpflanzen machen Kindern besonders viel Spaß. Sie wachsen problemlos und tragen möglichst (viele) Früchte. Außerdem sollte sie in Deutschland noch (fast) keiner kennen. Die Kinderpflanze des Jahres wird seit 1996 alljährlich in Finkens Garten gewählt, einem Naturerlebnisgarten der Stadt Köln für Kinder im Vorschulalter. Die Kinder küren die Kinderpflanze des Jahres immer selbst. Wahlberechtigt sind junge Besucher aus über 500 Kindergärten und -tagesstätten in Köln und Umgebung.

Zu den Titelträgern der letzten Jahre zählen u. a. der Spazierstockkohl – eine Kohlart, aus der tatsächlich Spazierstöcke hergestellt werden –, die kleinsten Gurken der Welt, die nur daumennagelgroßen Urtomaten aus den Anden, der Hopfen als Europameister im Klettern, essbare Blüten, die Kaugummi- und die Zahnputzpflanze, die Schokoladen- und die Vanilleblume, die Riesensonnenblume „King Kong", die Gummibärchenblume®, die Zitronenverbene, Kalebassen-Kürbisse, Rattenschwanzrettich, und der Schmetterlingsmagnet. 2009 waren die Kätzchenweide und das Brutblatt – auch „Mutter verliert ihre Kinder" genannt – Kinderpflanzen des Jahres.

Gummibärchenblume®

Rattenschwanzrettich

Schokoladenblume

Kätzchenweide

Schmetterlingsmagnet

Riesensonnenblume

Minigurke

Zitronenverbene

Kalebassen-Kürbisse

Brutblatt

Zahnputzpflanze

Hopfen

Auspflanzen & Umtopfen – Umzug in ein größeres Zuhause

Pikieren: Was ist das denn?

Wenn deine jungen Pflänzchen größer werden, brauchen sie mehr Platz. Damit sie sich nicht gegenseitig Licht, Luft, Wasser und Nährstoffe wegnehmen, setzt man sie vorsichtig in einzelne Töpfe mit frischer Erde um. Gärtner nennen das Vereinzeln oder Pikieren.

Wann wird pikiert?

Der richtige Zeitpunkt zum Pikieren ist gekommen, wenn deine Pflänzchen in die Höhe schießen und sich die ersten vier bis sechs Blätter gebildet haben.

So wird pikiert:

1. Nimm einen Eislöffel oder einen sogenannten Pikierstab, um die einzelnen Pflänzchen voneinander zu trennen. Dann fasse ein Pflänzchen an den unteren Blättern an und hebe es vorsichtig samt Wurzeln aus der Erde heraus.

2. Bohre ein kleines Loch in die Erde des neuen Topfes (am besten ist ein Topf mit 6 cm Durchmesser). Halte die Wurzeln deines Pflänzchens in das Loch und drücke die Erde außen herum vorsichtig fest. Zum Schluss wird die Erde leicht gegossen, bis das Wasser unten aus dem Topf herausläuft.

Auspflanzen

Ab Mitte Mai ist es endlich warm genug. Wenn die Wurzeln unten aus den Löchern im Topfboden herauswachsen, kannst du die Pflänzchen in deinen Garten auspflanzen! Hast du dein Beet gut vorbereitet? Gejätet und geharkt? Dann grabe für jede Pflanze ein Loch in die Erde, in das sie gut hineinpasst. Es sollte etwas größer und tiefer als der Topf sein.

Vor dem Auspflanzen solltest du nicht gießen, denn feuchte Erde zerbröselt leicht. Wenn die Pflanze locker im Topf sitzt, drehe den Topf um und nimm die Pflanze vorsichtig heraus. Lässt sich die Pflanze jedoch nicht so leicht aus dem Topf lösen, nimm die Handschaufel zur Hilfe. Setze nun die Pflanze samt Wurzelballen in das Loch. Fülle etwas Erde auf und drücke sie leicht an. Frisch ins Beet gesetzte Pflanzen musst du immer gut angießen, damit die Wurzeln nicht vertrocknen.

Auch im Beet dürfen Pflanzen sich beim Wachsen nicht im Weg stehen. Gib jeder einzelnen Pflanze genug Platz, sodass sie in die Höhe und in die Breite wachsen kann. Hohe Pflanzen setzt du am besten hinten ins Beet.

Was tun mit Torfquelltöpfchen?

Auch die Pflänzchen, die du einzeln in Torfquelltöpfchen vorgezogen hast, müssen in größere Töpfe umgesetzt werden. Das geht ganz einfach ohne Pikierstab. Nimm ein Pflänzchen samt Torfquelltopf und setze es in einen größeren Blumentopf mit Erde.

Auspflanzen & Umtopfen – Umzug in ein größeres Zuhause

Umtopfen

Pflanzen, die in Töpfen bleiben sollen, brauchen ebenfalls nach einer gewissen Zeit mehr Platz. Wenn die Wurzeln aus dem Topfboden herauswachsen, solltest du umtopfen. Nimm die Pflanze samt Wurzelballen vorsichtig aus dem Topf und setze sie in einen etwas größeren Topf mit frischer Erde.

Brunos Tipp!

Bloß nicht zu nass!

Die meisten Pflanzen haben es zwar gerne feucht, aber wenn ihre Wurzeln ständig im Wasser stehen, faulen sie. Pflanzgefäße sollten deshalb immer ein Loch im Boden haben. Oder du bedeckst den Boden mit Kies, Kieselsteinen oder Tonscherben, bevor du Erde einfüllst. So kann das Wasser besser abfließen.

Pflanze dich selbst!

Im September ist Pflanzzeit für Blumenzwiebeln, aus denen im Frühjahr farbenfrohe Narzissen, Tulpen, Krokusse oder Schneeglöckchen entstehen. In den unscheinbaren Zwiebeln ist bereits alles enthalten, was eine Pflanze braucht: Blätter, Stiele, Blüten und sogar notwendige Nährstoffe. Du musst sie einfach nur in die Erde einpflanzen – und schon entwickeln sie im Frühjahr ihre volle Blütenpracht.

Und hier meine Spielidee: Lege dich auf den Rasen und breite deine Arme und Beine aus. Dann lasse einen Freund um dich herum Zwiebeln setzen, z. B. Krokusse. Für jede Zwiebel wird mit einem Pflanzholz oder einer Stange ein Loch in den Boden gebohrt, und zwar doppelt so tief, wie die Zwiebel dick ist. Dann wird die Zwiebel mit der Spitze nach oben hineingesetzt und das Loch mit etwas Gartenerde und ein bisschen Kompost wieder aufgefüllt. Oder du stichst die Erde mit dem Spaten ab, legst die Zwiebel hinein und das Gras wieder darauf. Vergiss nicht, es anzutreten. Dann heißt es abwarten.

Im Frühjahr kannst du beobachten, wie die Krokusse neugierig ihre Köpfchen aus der Erde stecken. Wenn sie nun aufblühen, kommt der Umriss deines eigenen Körpers zum Vorschein.

Je nach Wetter blühen Krokusse vier bis sechs Wochen lang. Lass sie stehen, bis die Blätter gelb werden. Übrigens: die Zwiebeln bleiben im Winter in der Erde und die Krokusse blühen im nächsten Jahr deinem Umriss entsprechend wieder auf. Bist du jetzt schon größer als dein Krokus-Umriss?

Brunos Spielidee!

Gießen, Jäten, Düngen – dein Garten braucht Pflege

Dein Garten braucht Pflege, damit sich die Pflanzen darin wohlfühlen. Da gibt es einiges zu tun: Du musst gießen, jäten, düngen, den Boden regelmäßig lockern und manchmal auch etwas gegen Krankheiten unternehmen.

Gießen

Pflanzen brauchen Wasser zum Wachsen. Sie nehmen es über die Wurzeln aus dem Boden auf. Vergiss also nie zu gießen, wenn es nicht regnet. Sonst lassen deine Pflanzen bald ihre Köpfe hängen. Bei warmem, trockenem Wetter haben manche Pflanzen sogar zweimal am Tag Durst. Gib ihnen vor dem Frühstück und nach dem Abendessen zu trinken.

Gieße das Wasser nicht auf die Blätter, sondern auf den Boden um die Pflanze herum, da Wassertropfen auf den Blättern wie eine Lupe wirken. Scheint die Sonne darauf, bekommt die Pflanze schnell einen Sonnenbrand.

Lockere den Boden um die Pflanze herum mit einer Handharke auf, da so das Wasser leichter eindringen kann. Eine Brause auf deiner Gießkanne verhindert, dass du beim Gießen Erde wegspülst.

Jäten

Manche Wildkräuter sind im Gartenbeet unerwünscht, denn sie nehmen deinen Pflanzen Licht, Wasser und Nährstoffe weg. Darum entferne alles, was auf deinem Beet nichts zu suchen hat. Das nennt man Jäten. Meistens stören Giersch, Hahnenfuß, Löwenzahn und Quecke deine Pflanzen beim Wachsen. Lockere unerwünschte Wildkräuter mit dem Grubber oder der Hacke und grabe sie mitsamt Wurzeln heraus, sonst treiben sie wieder neue Stängel und Blätter aus. Schüttele die Erde von den Wurzeln ab und gib sie wieder in dein Beet.

Düngen

Pflanzen verbrauchen beim Wachsen Nährstoffe, die sie aus dem Boden ziehen. Deshalb düngen Gärtner regelmäßig ihre Beete. Welchen Dünger du brauchst und wie du ihn anwendest, steht meistens auf den Samentütchen. Am besten ist Dünger aus natürlichen Stoffen. Du kannst ihn im Gartenhandel kaufen oder selbst machen. Wie wäre es zum Beispiel mit Brennnesseljauche? Oder du legst einen Komposthaufen an, damit du bald fruchtbare Komposterde zum Düngen hast. Wie das geht, zeige ich dir auf Seite 24.

Gießen, Jäten, Düngen – dein Garten braucht Pflege

Brunos Tipp!

Dünger selbst gemacht - Brennnesseljauche

Puh, Jauche aus Brennnesseln stinkt! Aber sie ist ein guter Dünger, der deine Pflanzen stärkt.

Zutaten:
2 Hände voll Brennnesseln
5 Liter (Regen-)Wasser

Ziehe Gartenhandschuhe an und pflücke Brennnesseln. Zerkleinere sie und vermische sie in einem Eimer mit 5 Litern Wasser. Lasse dein Gemisch mindestens eine Woche lang stehen. Decke den Eimer ab und stelle ihn nicht so nah ans Haus.

Ganz wichtig: Rühre jeden Tag um! Nach ca. drei Tagen bilden sich auf der Wasseroberfläche Blasen – ein sicheres Zeichen dafür, dass die Jauche nun anfängt zu gären. Sie ist fertig, wenn sich keine Blasen mehr bilden. Gieße die Brennnesseljauche durch ein Sieb und bewahre sie in einem Kanister auf.

Zum Düngen mische ½ Liter Jauche mit 5 Litern Wasser und gieße damit die Pflanzen.

Beim Pflanzendoktor

Auch Pflanzen können krank werden. Meist sind kleine Tiere oder Pilze daran schuld. Eine häufige Krankheit ist zum Beispiel falscher Mehltau. Das ist ein Pilz, der sich als weißer, mehlartiger Belag auf den Blättern der Pflanzen ausbreitet. Später verfärben sich die Blätter braun und vertrocknen.

Blütenkraft

Verblühte Blüten rauben Blumen ihre Kraft. Zupfe oder schneide sie ab, dann wachsen bald neue Blüten nach. Lasse aber ein paar stehen, um die Samen zu ernten.

Eine Stütze für deine Pflanzen

Hohe Pflanzen mit schweren Blüten, wie zum Beispiel Sonnenblumen knicken leicht um. Stecke neben jede Pflanze eine Stange oder einen Bambusstab in den Boden – am besten schon, bevor sie zu groß werden. Binde den Stängel locker daran fest. Auch Kletterpflanzen wie Bohnen oder Gurken brauchen Stangen, die sie beim Wachsen stützen.

Brunos Tipp!

Spritzbrühe gegen Mehltau

Zutaten:
1 Liter lauwarmes Wasser
10 g Backpulver
10 ml Rapsöl

Mische die Zutaten, fülle sie in eine Sprühflasche und bespritze die von Mehltau befallenen Blätter damit. Wirkt garantiert!

Kompost: Kraftfutter für deine Pflanzen

Fruchtbare Komposterde ist der allerbeste Dünger für deine Pflanzen. Sie entsteht aus Garten- und Küchenabfällen, die du auf den Komposthaufen wirfst.

Ein paar Kompost-Regeln:

1. Ein Komposthaufen sollte an einer schattigen, windgeschützten Stelle auf einem Beet oder einer Wiese stehen.

2. Schichte grobe und feine, trockene und feuchte Abfälle locker aufeinander.

3. Mische sie alle zwei Wochen leicht durch. Wenn du ab und zu etwas Erde dazugibst, geht die Kompostbildung schneller.

4. Nach sechs bis neun Monaten hast du fruchtbare Komposterde für dein Beet.

Brunos Tipp!

Das gehört auf den Kompost:
Obst- und Gemüsereste, verwelkte Blumen, zerkleinerte Eierschalen, Kaffeesatz, Tee, abgeschnittene Gräser und Pflanzenreste, Laub

Das gehört nicht auf den Kompost:
Samentragende oder kranke Pflanzen, gejätete Wildkräuter wie Giersch und Quecke, Fleisch, Fisch, gekochtes Essen, Glas, Plastik, Metalle

Warum werden Abfälle zu Kompost?

Im Komposthaufen leben Regenwürmer, Asseln, Tausendfüßer, Springschwänze und andere Kleinsttiere. Diese sogenannten Kompostierer fressen alles, was du auf den Komposthaufen wirfst, zersetzen es und scheiden es wieder aus. So verwandeln sie die Abfälle innerhalb von sechs bis neun Monaten in fruchtbare Komposterde. Diese kannst du dann im Frühjahr oder Herbst auf dein Beet geben.

Die Komposterde ist echtes Kraftfutter für deine Pflanzen und wird sie sehr gut gedeien lassen!

Reiche Ernte

Endlich ist Erntezeit! Hast du deinen Garten gut gepflegt? Dann kannst du jetzt viele köstliche Sachen ernten. Eine frisch aus dem Boden gezogene Möhre schmeckt einfach toll. Und hast du schon einmal Himbeeren und Brombeeren direkt vom Strauch genascht? Hmmm, lecker!

Was wird geerntet?

Ernte nur reifes Obst und Gemüse! Unreife Früchte schmecken fast nach nichts, Überreifes hat oft einen schlechten Geschmack. Außerdem haben reife Früchte die meisten Vitamine und Mineralstoffe, sind also besonders gesund.

Wann sind Obst und Gemüse reif?

Vielen Früchten siehst du es ganz einfach an, wenn sie reif sind. Kartoffeln wollen geerntet werden, wenn sich die Blätter allmählich gelb färben und zu welken beginnen. Die Reife eines Kürbisses kannst du durch Klopfen feststellen: Sobald er hohl klingt, ist er erntereif.

Ernte Tomaten niemals grün – es sei denn, du hast z. B. grüne Zebra-Tomaten ausgesät – denn grüne, ungekochte Tomaten sind giftig. Lass sie an der Pflanze ausreifen, bis sie je nach Sorte ein kräftiges Rot, Orange oder Gelb haben. Erst dann haben sie das richtige Aroma und schmecken köstlich.

Wann wird geerntet?

Die meisten Obst- und Gemüsesorten werden zwischen Juni und Oktober geerntet: Himbeeren und Erdbeeren zum Beispiel von Juni bis September, Äpfel von August bis Mitte November, Kohlrabi von Juni bis Oktober. Kürbisse fühlen sich sogar bis in den November hinein wohl im Beet – aber nur, solange es noch nicht friert. Je nachdem, was du angepflanzt hast, kannst du sogar im Winter ernten. Grünkohl und Rosenkohl beispielsweise schmecken erst richtig gut, wenn sie einmal Frost gespürt haben. Kräuter können fast immer geerntet werden. Allerdings sind die meisten kurz vor dem Erblühen am würzigsten. Nur Lavendel, Oregano und Thymian schmecken aufgeblüht am besten.

Die richtige Tageszeit

Am besten erntet man morgens, denn dann sind die Pflanzen noch frisch, aromatisch und knackig. Bei Hitze verlieren sie über den Tag viel Wasser, werden weich und sind schlechter aufzubewahren. Blattgemüse wie Spinat und Rucola solltest du allerdings immer abends ernten. Dann enthält es weniger Nitrat, ein wichtiger Nährstoff für Pflanzen, den sie aus dem Boden aufnehmen, der für Menschen aber in großen Mengen schädlich sein kann.

Brunos Tipp!

Zucchini und Gurken ohne Ende

Zucchini werden von Ende Juni bis September geerntet – und zwar regelmäßig. Sie schmecken am besten, wenn sie noch jung und nur 20 bis 25 cm lang sind. Außerdem treiben sie umso mehr, je mehr du erntest. Lässt du die Früchte riesengroß werden, wächst bald nichts mehr nach. Denn die Pflanze hat nicht genug Kraft, um so viele große Früchte gleichzeitig mit Nährstoffen zu versorgen. Auch Gurken (Erntezeit Mitte Juli bis Oktober) sollten laufend geerntet werden, dann wird der Ertrag umso reicher.

Reiche Ernte

Wie wird geerntet?

Reife Erdbeeren, Himbeeren und Tomaten kannst du direkt an der Pflanze vom Stiel abstreifen. Aber Vorsicht: Empfindliche Früchte zerquetschen leicht beim Abpflücken. Willst du sie nicht sofort essen, schneide sie lieber mit der Schere ab und zupfe sie erst kurz vorm Verzehr vom Stiel. Auch Kirschen solltest du immer mit Stiel ernten, wenn du nicht direkt vom Baum naschen willst. So bleiben sie etwas länger frisch.

Vom Pflücksalat kannst du ständig genauso viel ernten, wie du gerade Hunger hast. Pflücke die Blättchen immer rings um das Herz der Pflanze herum. Neues Grün wächst dann bald nach.

Bei Kräutern solltest du ganze Zweiglein statt einzelner Blätter abschneiden. So wachsen neue Zweige und Blätter besser nach.

Wissenstest: Was wächst nicht an diesem Baum?

Hänge zum Beispiel eine Tomate in den Apfelbaum oder Erdbeeren in den Pflaumenbaum. Knote dazu vorsichtig eine dünne Schnur an die Stiele von Obst und Gemüse und binde sie locker an den Ästen der Bäume fest. Die Schnüre sollten dabei durch Blätter verdeckt sein. Dann teste das Gartenwissen deiner Freunde!

Vorsicht giftig!

Viele Pflanzen sind giftig. Wenn du sie isst, kannst du sehr krank werden. Dazu gehören zum Beispiel Engelstrompete, Fingerhut, Goldregen, Maiglöckchen, Lupine, Narzisse, Eibe, Buchsbaum und Efeu. Stecke also niemals etwas in den Mund, von dem du nicht ganz genau weißt, dass es ungefährlich ist.

Maiglöckchen

Lupine

Narzisse

Engelstrompete

Fingerhut

Goldregen

Buchsbaum

Tollkirsche

Rittersporn

Brunos Tipp!
für deine Eltern

Giftnotruf

Da die Giftigkeit von Pflanzen insbesondere eine Frage der Menge ist, wenden Sie sich im Falle von Vergiftungserscheinungen unverzüglich an die nachfolgenden Giftnotruf-Zentralen der Bundesländer, die 24 Stunden erreichbar sind. Gerne beantwortet man hier auch Ihre allgemeinen Fragen.

Baden-Württemberg: 0761/19240
Bayern: 089/19240
Berlin, Brandenburg: 030/19240
Bremen, Hamburg, Schleswig-Holstein, Niedersachsen: 0551/19240
Hessen, Rheinland-Pfalz: 06131/19240
Saarland: 06841/19240
Meckl.-Vorp., Sachsen, Sachsen-Anhalt, Thüringen: 0361/730730
Nordrhein-Westfalen: 0228/19240

So vermehrst du deine Pflanzen

Möchtest du mehr Pflanzen in deinem Garten haben? Viele Pflanzen lassen sich ganz einfach selbst vermehren: Wie du Samen sammelst und aussäst, hast du schon auf S. 11 gelernt. Aber auch durch Stecklinge, Teilung, Absenker oder Ausläufer machst du mehr aus deinen Pflanzen.

Stecklinge

Von Sommerflieder, Haselnuss, Holunder, Lavendel und vielen anderen Pflanzen kann man einen Zweig abschneiden, in die Erde stecken und daraus eine neue Pflanze ziehen. Man nennt das „Stecklinge ziehen".

So wird's gemacht:
Bereite so viele mit Erde gefüllte kleine Blumentöpfe vor, wie du Stecklinge ziehen willst. Dann erst schneide kleine Zweige von deiner Pflanze ab. Stecklinge sollten möglichst keine Blütenknospen haben, denn das würde ihnen unnötig Kraft rauben, die sie zur Wurzelbildung brauchen. Stecke sie in die Erde, ohne dass Blätter die Erde berühren, da diese schnell faulen. Dann die Erde leicht andrücken und angießen. Stelle jeden Blumentopf in eine durchsichtige Plastiktüte. Binde sie oben zu und halte die Erde feucht. Sobald die Stecklinge neue kleine Blättchen bekommen, haben sich Wurzeln gebildet, und du kannst sie aus der Tüte herausnehmen. Stecklinge ziehst du am besten im Frühjahr.

Teilung

Mehrjährige Stauden wie Rhabarber, Mädchenauge, Margeriten und Salbei lassen sich leicht teilen.

So wird's gemacht:
Grabe die Pflanze aus. Zertrenne sie je nach Größe vorsichtig mit einem Spaten oder deinen Händen in zwei, drei oder mehr Teile. Setze diese schnell wieder in die Erde und gieße sie leicht. Teilen sollte man am besten, wenn die Pflanze keine Blätter hat, also im zeitigen Frühjahr oder Herbst.

Absenker

Ein Absenker ist ein Zweig, der bis auf den Boden herabhängt und dort Wurzeln schlägt. Mit dieser Methode kannst du Johannisbeere, Stachelbeere und Brombeere vermehren.

So wird's gemacht:
Ziehe eine Furche in die Erde und biege einen Zweig bis zum Boden. Hake ihn mit Draht fest und decke ihn mit etwas Erde ab. Das Ende des Zweiges sollte dabei aus der Erde herausgucken. Bis zum Herbst haben sich Wurzeln gebildet, sodass du den Absenker von der Pflanze abschneiden kannst. Diese Art der Vermehrung ist fast das ganze Jahr über möglich.

Ausläufer

Erdbeere, Preiselbeere und Waldmeister bilden Ausläufer. Das sind Triebe, die ganz von selbst von der Mutterpflanze aus über den Boden wachsen und Pflanzenkinder mit eigenen Wurzeln bekommen. Dadurch sind Erdbeeren und Co. sehr leicht zu vermehren.

So wird's gemacht:
Fülle im Sommer kleine Blumentöpfe mit Erde und setze sie unter die Ausläufer. Grabe sie am besten im Boden ein. Befestige die Ausläufer mit Draht in der Erde: Biege ein U aus Draht, das du kopfüber in die Erde steckst. Nach etwa vier Wochen haben sie gewurzelt. Dann werden sie von der Mutterpflanze getrennt und an einer anderen Stelle ausgepflanzt. Bereits im nächsten Jahr kannst du von diesen Pflanzen die ersten Früchte ernten.

Brunos Tipp!

Brutblatt oder „Mutter verliert ihre Kinder"

Blätter und Stängel des Brutblatts sind grün oder hübsch gefleckt, dicklich und mit einer glänzenden Wachsschicht überzogen. An den Rändern der Blätter sitzen wie Scharen von Kindern kleine Brutknospen, Miniaturen der Mutterpflanze, auch „kindl" genannt. Die Kinder treiben kleine Wurzeln und fallen bei der geringsten Berührung des Blattes zu Boden, wo sie schnell anwachsen. Diese Art der Vermehrung ist wirklich kinderleicht!

Kinderpflanze des Jahres

Ein Garten für Tiere

Wer krabbelt und fliegt denn da?

Im Garten kannst du überall Tiere entdecken und beobachten: Käfer, Vögel, Igel, Schnecken, Schmetterlinge, Hummeln, Bienen, Ohrwürmer, Regenwürmer und viele andere. Mit ein paar Tipps und Tricks wird dein Garten für Tiere besonders gemütlich. Möchtest du, dass sich viele verschiedene Tiere in deinem Garten wohlfühlen? Dann lies weiter.

Kleine Helfer im Garten

Die meisten Tiere im Garten sind sehr nützlich, deshalb nennt man sie Nützlinge. Schmetterlinge, Bienen und andere Insekten tragen z. B. den Blütenstaub von einer Blume zur anderen. Viele Blumen vermehren sich nur, wenn sie bestäubt werden. Dann bilden sie Samen für neue Pflanzen (siehe auch S. 46: Warum duften Blumen?).

Regenwürmer lockern durch reges Wühlen den Boden auf und durch ihre Wohngänge werden die Wurzeln der Pflanzen mit Sauerstoff versorgt. Außerdem fressen sie Pflanzenreste und scheiden fruchtbare Erde wieder aus.

Blattlausfresser

Marienkäfer, Florfliegen und ihre gefräßigen Larven sind ebenfalls wichtige Helfer im Garten. Sie verspeisen schädliche Blattläuse, die Pflanzensaft aus Blättern und Stängeln saugen und Krankheiten übertragen. Dazu werden die Blattlausfresser sogar extra gezüchtet.

Marienkäferlarve

Brunos Tipp!

Ohrwurm-Glocke selbst gebaut

Auch Ohrwürmer haben Blattläuse zum Fressen gern. Baue ihnen ein kuscheliges Nest, dann werden sie sich bei dir wohlfühlen.

Du brauchst:

1 kleinen Tontopf
1 dickes Stück Schnur
1 Handvoll Stroh oder Heu

Mache einen dicken Knoten in die Schnur und ziehe sie durch das Bodenloch im Blumentopf. Dann stopfe Heu oder Stroh in den Topf. Hänge die Ohrwurm-Glocke kopfüber an einen Baum, am besten so, dass sie den Stamm oder einen Ast berührt.

Damit Heu oder Stroh nicht so leicht herausfallen können, lege eventuell Maschendraht unten um die Ohrwurm-Glocke herum. Kontrolliere regelmäßig (etwa alle 8 Wochen), ob z. B. ein Specht auf der Suche nach Insekten Heu oder Stroh herausgezogen hat.

Ein Garten für Tiere

Insektenmagnete

Die Blüten vieler Pflanzen locken nützliche und interessante Insekten an. Nicht umsonst heißt der süß duftende Sommerflieder auch Schmetterlingsmagnet und war bereits „Kinderpflanze des Jahres 2005". Aber nicht nur Schmetterlinge, auch Hummeln und Bienen lassen sich gern auf den meist purpurnen bis dunkelvioletten Blüten nieder und naschen Nektar. Weitere bei Insekten besonders beliebte Pflanzen sind z. B. Artischocken, Disteln, Lavendel, Margeriten, Ringelblumen, Sonnenblumen und Thymian.

Brunos Tipp!

Mit Hilfe eines Erwachsenen!

Insektenhotel selbst gebaut

Schwebfliegen, Bienen und andere Nützlinge, die die Pflanzen im Garten bestäuben, legen ihre Eier in morsches Holz und abgestorbene Bäume. Du kannst ihnen aber auch eine Nisthilfe bauen.

Bohre in einen Holzscheit mit einem Handbohrer oder einer Bohrmaschine unterschiedlich große Löcher von 3 bis 6 mm Durchmesser. Die Löcher müssen nicht besonders tief sein, ca. 7 bis 8 cm reichen aus. Befestige dein Insektenhotel mit Draht oder einem Seil an einer sonnigen bis halbschattigen, wind- und regengeschützten Stelle. Sogar ein Balkon eignet sich gut als Standort. Schon bald kommen die ersten „Gäste", legen ihre Eier in den Bohrlöchern ab und verschließen ein Loch nach dem anderen.

Wohnraum für Igel und Co.

Besonders Igel freuen sich, wenn dein Garten nicht zu aufgeräumt ist. Neben dichten Hecken und Gebüschen dienen ihnen Reisig- und Laubhaufen oder Hohlräume unter Holzstapeln, Steinhaufen und alten Baumwurzeln als Unterschlupf. Auch Kröten, Molche, Eidechsen, Spitzmäuse, Mauswiesel, Laufkäfer und Asseln lieben solche Verstecke.

Schnecken

Es gibt Schnecken mit und ohne Haus. Sie heißen Gehäuse- bzw. Nacktschnecken. Nacktschnecken gehören wie Blattläuse zu den Tieren, die großen Schaden in deinem Garten anrichten können. Deshalb nennt man sie auch Schädlinge. Die „schleimigen Kriecher" fressen manche Pflanzen bis auf den letzten Stängel herunter. Willst du kein Gift streuen, kannst du die Schnecken in einem Eimer sammeln und auf einer abgelegenen Wiese wieder aussetzen. Eine Nacktschnecke kann in einer Minute etwa 5 bis 8 cm zurücklegen, d.h. pro Stunde schafft sie 3 bis 4 m und kommt so in einer Nacht auf rund 25 m. Achte also darauf, dass die Wiese weit genug von deinem Beet entfernt ist.

Tipp: Weil sich die nachtaktiven Tiere tagsüber verstecken, lege Bretter in oder an dein Beet. Darunter verkriechen sie sich am Tag. Um sie einzusammeln, brauchst du nur die Bretter anheben.

Gehäuseschnecken wie die Schnirkelschnecke und die Weinbergschnecke sind zwar genauso gefräßig wie Nacktschnecken, aber ernähren sich fast nur von Verwelktem und Abgestorbenem. Deine frischen Pflanzen bleiben also von ihnen verschont!

Ein Garten für Tiere

Vögel

Zwar knabbern Vögel gern an jungen Trieben, Knospen und Früchten, doch sie fressen auch Schnecken, Raupen und Käfer, die deinen Pflanzen schaden.

Solange es noch nicht friert, haben Vögel auf jeden Fall genug Futter im Garten. Erst wenn es im Winter richtig kalt ist und sie keine Tiere und Früchte mehr finden, brauchen sie deine Hilfe. Dann mögen sie alles, was ihnen Energie zum Aufwärmen gibt: Fettstückchen (Rindertalg oder Kokosfett), Sonnenblumenkerne, Walnüsse, Erdnüsse oder süße Äpfel. Du kannst Vogelfutter selbst machen oder fertig kaufen. In einem Vogelhäuschen ist Streufutter vor Regen und Schnee geschützt, und die Vögel lassen sich beim Fressen gut beobachten.

Vögel brauchen aber nicht nur im Winter deine Hilfe in Form von Futter, sondern freuen sich auch von Frühjahr bis Herbst über eine volle Vogeltränke. Besonders in den heißen Sommermonaten können die Vögel so ihren Durst stillen, baden und sich abkühlen.

Brunos Tipp!

Mit Hilfe eines Erwachsenen!

Vogelfutter selbst gemacht: Vogelsterne

Du brauchst:
200 g Kokosfett oder Rindertalg
100 g gehackte Nüsse
100 g Sonnenblumenkerne
Plätzchen-Ausstechförmchen in Sternform, feste Alufolie, Schere, Kordel, kurze dicke Nägel

So wird's gemacht:
Schmilz das Fett bei niedriger Temperatur in einem Topf, bis es sich vollständig aufgelöst hat und flüssig ist. Rühre gehackte Nüsse und Sonnenblumenkerne hinein. Lass die Masse einige Minuten stehen, bis sich das Fett abgekühlt hat. In der Zwischenzeit kannst du Alufolie um die untere Seite der Ausstecher legen. Lass sie am Rand etwa 2 cm hoch stehen und drücke sie fest an.

Gieße die leicht abgekühlte Masse hinein. Stecke in jeden gefüllten Ausstecher einen Nagel. Wenn die Füllung nach etwa zwei Stunden hart geworden ist, löse deinen Stern heraus und ziehe eine Kordel durch das Loch, das durch den Nagel entstanden ist.

Hänge die Vogelsterne in einen Baum, an ein Balkongeländer oder Fenster, und beobachte, wen du damit anlockst.

Ein Specht klopft an

Was liegen denn da für Späne auf dem Boden vor dem Baum? Ganz klar: Da war ein Specht am Werk. Sieh nach, ob er mit seinem Schnabel ein Loch in den Baumstamm geklopft hat! Die meisten Spechte ernähren sich von Insekten, die sie in oder unter der Baumrinde oder in morschem Holz finden. Dazu klettern sie an den Bäumen hoch und suchen nach hohlen Stellen, indem sie mit dem Schnabel die Stämme abklopfen. Dies tun sie auch, um Nisthöhlen zu zimmern oder einen anderen Specht zur Paarung anzulocken.

Gemüse

Selbst angebautes Gemüse schmeckt nicht nur lecker, sondern macht auch richtig Spaß. Gigantische Riesenkohlrabi und Kürbisse, winzige Minigurken, kunterbunte Tomaten, wachsende Spazierstöcke, Rattenschwänze und Erdbeerspinat… All das kann bald in deinem Garten wachsen.

Die meisten Pflanzen gedeihen sowohl im Beet als auch im Kübel oder Topf auf dem Balkon oder der Terrasse. Kleine Sorten wachsen auch gut in Töpfen auf der Fensterbank. Lies vor der Aussaat genau auf den Samentütchen nach. Je nach Gemüsesorte können Standort, Aussaat und Erntezeit sehr verschieden sein.

Riesenkohlrabi

Der Riesenkohlrabi ist ein echter Gartengigant, der es bis ins Guinness-Buch der Rekorde geschafft hat. Selbst bei enormer Größe bleibt er noch butterzart. Riesenkohlrabi wird ab März in Saatschalen oder Töpfen vorgezogen. Die Samen keimen schon nach etwas über einer Woche. Ab Mitte Mai kannst du die Pflänzchen mit etwa 40 cm Abstand voneinander ins Beet setzen, oder du pflanzt sie in große Kübel. Kohlrabis lieben nährstoffreiche Böden und brauchen ausreichend Wasser.

Die kopfgroßen, bis zu 10 kg schweren Knollen können ab Anfang September geerntet werden. Je später du erntest, desto größer werden sie. Die beste Erntezeit ist im Oktober. Zum Naschen schäle den Kohlrabi und schneide ihn in schmale, pommesartige Stifte. Weil die Schale sehr hart ist, lass dir von einem Erwachsenen helfen.

Kürbis

Der Dickste unter den Gartenfrüchten ist der Kürbis. Riesenkürbisse können über 100 kg schwer werden.

Ziehe die Samen ab Ende März in Töpfen auf einer sonnigen Fensterbank vor. Gib etwa zwei bis drei Samenkörner in einen Topf. Ab Mitte Mai, wenn es keinen Frost mehr gibt, kannst du sie auspflanzen. Kürbisse brauchen viele Nährstoffe zum Wachsen. Setze die Pflänzchen am besten am Rand des Komposthaufens in die Erde und lass zwischen ihnen etwa einen Meter Abstand. Kürbisse sind wahre Kletterkünstler: Die Ranken, die bis zu mehrere Metern lang werden, kannst du später auf den Komposthaufen legen. Damit die wachsenden Früchte bei Regen im Beet nicht faulen, lege sie auf ein Brett. Geerntet wird von September bis Oktober. Klingt ein Kürbis beim Anklopfen hohl, ist er reif.

Brunos Tipp!

Mit Hilfe eines Erwachsenen!

Leuchtkürbis und Rübenlaterne

Schneide einen Kürbis rund um den Strunk herum auf und nimm den Deckel ab. Höhle den Kürbis mit einem Löffel aus, schnitze ein Gesicht hinein oder verziere ihn mit einem anderen Muster.

Auch aus einer Runkel- oder Zuckerrübe kannst du eine Laterne basteln. Bitte einen Erwachsenen, deine Rübe unten abzuschneiden und stelle sie gerade hin. Höhle sie sauber mit einem stabilen Metalllöffel aus. Schnitze nun Löcher hinein für Augen, Nase und Mund.

Wenn es dunkel ist, stelle ein Teelicht in deinen Leuchtkürbis oder deine Rübenlaterne und zünde es an. Das sieht zum Gruseln aus! Kein Wunder, dass früher mit Leuchtkürbissen und Rübenlaternen Geister vertrieben wurden.

Gemüse

Gurken

Gurken brauchen eine windgeschützte, sonnige Stelle, da sie keinen Frost mögen. Ziehe die Samen ab April auf der Fensterbank vor, ehe du die Pflänzchen ab Mitte Mai auspflanzt.

Als Kletterpflanzen brauchen Gurken eine Stange, ein Gitter oder ein Netz, woran sie ranken können. Gurkenernte ist je nach Sorte von Juli bis Oktober. Reiße die Früchte nicht ab, sondern schneide sie ab. Wenn du regelmäßig erntest, hat die Pflanze genug Kraft, um immer wieder neue Früchte heranwachsen zu lassen.

Die kleinste Gurke der Welt ist die Mexikanische Minigurke. 2007 war sie „Kinderpflanze des Jahres". Die bis zu zwei Meter rankende Pflanze gedeiht im großen Kübel oder im Beet. Außer einer Rankhilfe, an der sie klettern kann, braucht sie möglichst viel Sonne und ausreichend Feuchtigkeit. Sie trägt den ganzen Sommer über bis in den Herbst hinein zahlreiche, 2 bis 3 cm große Früchte. Diese ähneln winzigen Wassermelonen und schmecken wie Salatgurken.

Zucchini

Zucchini kommen aus Italien und mögen ebenso wie Gurken keinen Frost. Ziehe die Samen ab Ende März auf der Fensterbank vor und pflanze sie ab Mitte Mai in große Kübel oder ins Beet. Zucchini brauchen etwas Dünger und viel Wasser, also fleißig gießen!

Erntezeit ist von Ende Juni bis September. Pflücke die Früchte ab, wenn sie 20 bis 25 cm lang sind. Dann wachsen immer wieder neue Zucchini nach. Eine einzige Zucchinipflanze trägt genug Früchte für eine vierköpfige Familie. Übrigens gibt es nicht nur grüne und lange, sondern auch runde oder gelbe Zucchini, die etwas zarter sind!

Tomaten

Reife Tomaten sind rot? Von wegen! Es gibt auch gelbe, grüne, (fast) schwarze, orange- und lilafarbene und sogar gestreifte Tomaten, die sogenannten Zebras. Am süßesten schmecken kleine Sorten wie Kirschtomaten.

Tomaten kommen aus Südamerika. Bei uns gedeihen sie am besten, wenn sie vor Regen geschützt werden. Sie brauchen Wärme, Sonne und gut gedüngten Boden.

Ziehe sie ab Anfang März im Haus vor und pikiere die jungen Pflänzchen ein Mal. Erst wenn es nachts nicht mehr friert – also etwa ab Mitte Mai –, dürfen deine Pflanzen nach draußen. Setze sie mit 70 cm Abstand an eine sonnige Stelle ins Beet oder in große Töpfe auf Balkon oder Terrasse. Da Tomaten viel Wasser brauchen, gieße regelmäßig. Binde größer werdende Pflanzen mehrfach an Stangen fest, um sie zu stützen, denn die Früchte können schwer werden. Geerntet wird von Juli bis Oktober.

Kirschtomatenpflanze

Brunos Tipp!

Tomaten ausgeizen

Ausgeizen? Was ist das denn? Damit ist das Entfernen von Seitentrieben gemeint, die bei manchen Pflanzen wachsen und nicht erwünscht sind, da sie den Pflanzen viel Kraft rauben. Auch Tomaten bekommen ständig neue Seitentriebe. Sie nehmen der Pflanze Energie, die sie eigentlich für ihre Früchte braucht. Für eine reiche Ernte solltest du also regelmäßig die jungen Seitentriebe entfernen. Das ist ganz einfach, da diese Seitentriebe sehr weich sind.

Gemüse

Brunos Rezept!

Kirschtomaten-Ketchup

Für ¼ Liter brauchst du:

500 g Tomaten
1 Zwiebel
1 Esslöffel Öl
20 ml Essig
2 Esslöffel Zucker
1 Teelöffel Salz
½ Teelöffel Pfeffer

Mit Hilfe eines Erwachsenen!

Wasche die Tomaten, halbiere sie und stelle sie zur Seite. Schäle die Zwiebel und schneide sie in kleine Würfel. Erhitze das Öl in einem Topf und dünste die Zwiebelstückchen darin an, bis sie glasig sind. Gib Tomaten, Essig, Zucker, Salz und Pfeffer hinzu. Verrühre alles gut und koche es bei schwacher Hitze mit geschlossenem Deckel etwa eine Stunde lang zu einem dicken Brei. Rühre ab und zu um, damit nichts anbrennt. Streiche den Brei anschließend durch ein Sieb in eine Schüssel, um Tomatenhaut und Zwiebelstückchen herauszufiltern.

Im Kühlschrank hält sich dein Ketchup etwa eine Woche.

Möhren

Möhren sind früh dran im Jahr. Die Samen mancher Sorten kommen schon ab Februar in die Erde. Sie sind winzig und dürfen nicht zu dicht ausgesät werden. Ein Trick: Mische die Samen mit etwas Sand, ehe du sie aussäst. Auch Saatbänder erleichtern die Aussaat. Während deine Möhren wachsen, siehst du nur ihre Blätter, denn die eigentliche Möhre ist eine Wurzel in der Erde. Erntezeit ist drei bis vier Monate nach der Aussaat. Möhren sind übrigens nicht immer orange – es gibt auch purpurrote oder weiße Sorten.

Rattenschwanzrettich

Traust du dich, in Rattenschwänze hineinzubeißen? Keine Sorge, diese Sorte ist garantiert vegetarisch und richtig lecker! Der Rattenschwanzrettich war die „Kinderpflanze des Jahres 2004". Es werden nicht – wie sonst beim Rettich – die Wurzeln, sondern die knackigen, 15 cm langen Schoten gegessen. Und die sehen aus wie der Schwanz einer Ratte. Der Anbau der Rattenschwänze ist einfach: Zwischen April und August kannst du sie in Reihen aussäen. Damit sich die jungen Pflänzchen nicht gegenseitig beim Wachsen im Weg sind, pflanze sie, wenn sie größer werden, etwas weiter auseinander – etwa im Abstand von 20 cm. Bereits nach etwa sieben Wochen kannst du ernten. Die Schoten, die ähnlich wie Radieschen schmecken, können roh gegessen werden, pur oder im Salat. Auch in Essig eingelegt oder angebraten schmecken sie lecker. Aus überreifen Schoten kannst du im August die Samen ernten, damit du auch im nächsten Jahr wieder den Rettich in Rattenschwanzform anbauen kannst.

Spazierstockkohl

Möchtest du Spazierstöcken beim Wachsen zusehen? Der sogenannte Spazierstockkohl wird seit fast zwei Jahrhunderten auf der Insel Jersey angebaut. Die Samen kannst du im Februar/März aussäen und die Pflänzchen im Mai/Juni nach draußen setzen. Entferne während des Wachsens die unteren Blätter. Im Herbst haben die Pflanzen ihre Erntegröße von unglaublichen 1,5 bis 2,25 m erreicht und können geschnitten werden. Für einen Spazierstock muss die Pflanze einen Stammdurchmesser von mindestens 5 cm haben. Lass den Stamm etwa sieben Monate trocknen und aushärten. Dann nur noch das Holz mit feinem Schleifpapier glätten und lackieren und schon hast du einen praktischen, leichten Spazierstock.

Gemüse

Erdbeerspinat

Erdbeere und Spinat in einem? Das gibt es wirklich! Erdbeerspinat ist ein Gemüse, dessen Blätter man wie Spinat verwendet. Aber nicht nur die Blätter sind essbar: Nach der Blüte bilden sich leuchtend rote vitaminreiche Früchte, die leicht süßlich schmecken. Daher auch der Name Erdbeerspinat.

Erdbeerspinat gedeiht im Beet, auf dem Balkon und im Topf auf der Fensterbank.

Du kannst ihn ab März im Haus vorziehen oder auch direkt im Beet aussäen, denn er ist winterhart, d.h. der Frost macht ihm nichts aus. Die einzelnen Pflanzen brauchen später jeweils etwa 25 cm Abstand voneinander.

Drei bis vier Monate nach der Aussaat ist Erntezeit. Die Blätter der Erdbeerspinat-Pflanze können beim Kochen anstelle von normalem Spinat verwendet werden; du kannst hiermit jedoch auch einen leckeren Salat zubereiten. Die Früchte sind eine hübsche essbare Dekoration für Speisen aller Art.

Brunos Rezept!

Erdbeerspinat-Salat

Für 2 Personen brauchst du:

75 g Blätter vom Erdbeerspinat
1 Handvoll Erdbeerspinat-Früchte
1 Esslöffel Essig
3 Esslöffel Öl
1/4 Teelöffel Salz
1 Messerspitze Pfeffer

Schneide die Blätter und zupfe die roten Früchte von der Erdbeerspinat-Pflanze ab. Wasche alles und lass es auf Küchenpapier abtropfen. Verrühre Salz und Pfeffer mit dem Essig und gieße das Öl unter Rühren hinzu, damit Essig und Öl sich verbinden können. Mische Blätter und Früchte in einer Schüssel und gieße die Essig-Öl-Soße darüber.

Tipp: Nimm nur die Hälfte Erdbeerspinat-Blätter und füge noch anderen Blattsalat wie z. B. Rucola hinzu. Oder du mischst überhaupt nur ein paar Erdbeerspinat-Blätter und -Früchte unter einen Blattsalat.

Zuckererbsen

Hast du schon einmal Erbsenkörner frisch von der Pflanze genascht? Hmmm, zuckersüß! Brich die Schoten ganz einfach mit den Fingern auf und zupfe die Erbsen heraus.

Erbsen brauchen nährstoffreichen Boden. Lege die Samen von Mitte März bis Ende April in eine etwa 2 cm tiefe Saatfurche. Zwischen den einzelnen Erbsen sollte ein Abstand von 3 bis 4 cm sein. Bedecke die Furche mit Erde und halte sie feucht. Schon nach ein bis zwei Wochen siehst du die ersten grünen Triebe. Du kannst Erbsen auch im Haus vorziehen. Da Erbsen Kletterpflanzen sind, brauchen sie Maschendraht oder einen etwa 1 m hohen Reisigzweig, um daran entlang zu ranken.

Duftpflanzen und Naschkräuter

Ein Garten voller Süßigkeiten

Möchtest du einen Garten voller Süßigkeiten? Dann pflanze Blumen, die wie eine ganze Tüte Gummibärchen oder eine Tafel Schokolade riechen. Oder du baust Kräuter an, die wie dreißig Zuckerstückchen auf einmal schmecken. Denke auch an eine Zahnputzpflanze zum anschließenden Zähneputzen!

Einen Duftgarten kannst du gut in Blumentöpfen anlegen und ihn auf die Fensterbank, auf den Balkon und in den Garten stellen. So lassen sich mehrjährige, kälteempfindliche Pflanzen bei Frost ganz einfach von draußen nach drinnen holen, ohne dass du sie erst aus dem Beet ausgraben musst.

Warum duften Blumen?

Blumen vermehren sich, indem ihre Pollen (bzw. ihr Blütenstaub) von einer Blüte zur anderen fliegen und sie dabei befruchten. In der bestäubten Blüte bildet sich ein Samen, aus dem dann eine neue Pflanze wachsen kann. Manche Pflanzen lassen ihre Pollen vom Wind zu anderen Pflanzen transportieren, Duftpflanzen hingegen benutzen dazu Insekten. Ihr besonderes Aroma lockt Bienen, Hummeln, Schmetterlinge oder Fliegen an, die gerne von ihrem Nektar trinken. Dabei bleiben den Tieren unbemerkt Pollen an Beinen oder Flügeln kleben. So tragen sie diese dann zur nächsten Blüte und sorgen dafür, dass die Pflanzen sich vermehren. Mit ihrem Geruch lockt eine Pflanze also diejenigen Insekten an, die ihr bei der Vermehrung helfen.

Riech mal!

Erkennst du eine Pflanze nur am Duft? Lass dir die Augen verbinden und dich zu den verschiedenen Duftpflanzen im Garten führen, um daran zu schnuppern. Gut geeignet für einen Rundgang durch den „Nasengarten" sind etwa Lavendel, Thymian, Pfefferminze, Veilchen, Jasmin, Flieder, Hyazinthen und Rosen.

Tipp: Der Geruch von manchen Pflanzen wie Kräutern wird stärker, wenn man vorsichtig ein Blatt zwischen den Fingern reibt und dann an den Fingern riecht.

Brunos Spielidee!

Duftpflanzen

Duftpflanzen lieben Sonne und Wärme, da sie dann am stärksten duften. Einige Pflanzen riechst du schon von weitem, bei anderen musst du ganz nah herankommen. Es gibt blütenduftende Pflanzen, in deren Blüte man die Nase hineinsteckt und schnuppert. Blattduftende Pflanzen entfalten ihren Duft erst, wenn du die Blätter zwischen den Fingern reibst.

Duftpflanzen und Naschkräuter

Schokoladenblumen

Magst du lieber Vollmilch- oder Zartbitterschokolade? Die gelben Blüten der echten Schokoladenblume duften köstlich nach Vollmilchschokolade, wenn sie von der Sonne beschienen werden. Die dunkelroten Blüten der Schokoladenkosmee haben hingegen ein herberes Zartbitteraroma.

Die echte Schokoladenblume wird aus Samen auf der Fensterbank im Zimmer vorgezogen. Aussaatzeit ist von März bis April. Zum Keimen brauchen die Samen etwa drei bis vier Wochen, Blütezeit ist von Juni bis September. Wenn die Schokoladenblume verblüht ist, kannst du die Samen ernten. Innerhalb der dünnen Hüllblätter der Blüte sind sie leicht zu erkennen. Ganz klar, dass die Schokoladenblume auch schon „Kinderpflanze des Jahres" war.

Die dunkelrote Schokoladenkosmee wird nicht durch Samen vermehrt. Besorge dir am besten vorgezogene Pflanzen in der Gärtnerei. Die Blüten verströmen ihr Schokoladenaroma von Juni bis Oktober. Hole die Kosmee bei Frost ins Haus, denn auch sie ist nicht winterhart.

Gummibärchenblume®

Die Gummibärchenblume® riecht genauso, wie es ihr Name verspricht. Wenn du die kugeligen gelben Blütenköpfchen zwischen den Fingern zerreibst, wird dir das Wasser im Mund zusammenlaufen. Kein Wunder, dass sie 2002 zur „Kinderpflanze des Jahres" gewählt wurde.

Aussaat ist im April. Im Mai kannst du die Jungpflanzen in größere Töpfe auf Balkon oder Fensterbank oder an eine sonnige Stelle ins Beet setzen. Die Gummibärchenblume® blüht von Juni bis Oktober. Wenn sie im Herbst verblüht ist, ernte die Samen, um sie im nächsten Frühjahr wieder auszusäen. Dazu warte ab, bis die gelben Blüten grau geworden sind. Zerreibe die Blüten zwischen Daumen und Zeigefinger. Lösen sich die Samen leicht? Dann sind sie reif.

Fühl mal!

Hast du einen guten Tastsinn? Sammle verschiedene Teile von Pflanzen, etwa Bucheckern, Eicheln, Hasel- und Walnüsse, Tannenzapfen und kleine Zweige. Lege sie in einen Stoffbeutel. Dann greif hinein, ohne hinzuschauen. Versuche nur durch Tasten zu erraten, was du in der Hand hältst. Gar nicht so einfach, oder? „Fühl mal!" kannst du allein, zu zweit oder mit mehreren spielen. Teste doch auch einmal deine Eltern. Was erkennen sie wohl „blind", nur durch Tasten?

Brunos Spielidee!

Mohnbrötchenblume

Die kleinen, gelben Blüten der Mohnbrötchenblume sind eher unscheinbar. Aber reibe einmal eins der breiten, weich behaarten Blätter zwischen den Fingern! Sofort steigt dir der köstliche Duft von frischen Mohnbrötchen in die Nase. Die Mohnbrötchenblume kannst du genauso wie die Gummibärchenblume® aus Samen ziehen. Vorteil: Anders als diese ist sie mehrjährig – und außerdem winterhart.

Duftpflanzen und Naschkräuter

Naschkräuter

Kräuter bezeichnet man auch als Aromapflanzen, weil sie so gut riechen und Salaten, Suppen, Soßen, Quark und Butter eine ganz besondere Würze geben. Meist sind Geruch und Geschmack so stark, dass du nur wenige Blätter benötigst.

Übrigens werden Kräuter nicht nur zum Kochen verwendet, sondern auch bei der Herstellung von Parfüm und Medizin.

Dein eigener Kräutergarten

Manche Kräuter wie Basilikum, Koriander, Dill, Kerbel oder Kresse sind einjährig. Von den meisten Kräutern wie Lavendel, Rosmarin, Thymian, Oregano, Salbei, Pfefferminze, Petersilie, Zitronenmelisse, Schnittlauch, Waldmeister oder Stevia hast du sogar mehrere Jahre etwas, wenn du sie einmal ausgesät oder angepflanzt hast.

Kräuter gedeihen gut auf einer sonnigen Fensterbank, in Blumenkästen und natürlich auch im Beet. Beachte immer die Pflanzabstände auf den Samentütchen, sonst musst du schnell wachsende Kräuter zu schnell wieder vereinzeln. Und wichtig: Pflanze Petersilie nie wieder auf demselben Platz, denn da geht sie nicht mehr an!

Willst du das ganze Jahr über frische Kräuter ernten, dann säe sie zum Ende des Sommers in Töpfen aus und stelle sie auf die Fensterbank.

Probiere statt gewöhnlichem Basilikum, Salbei und Thymian auch mal unbekanntere Sorten wie Zimt - oder Zitronenbasilikum, Ananas- oder Pfirsichsalbei und Orangenthymian aus.

Getrocknete Kräuter

Wenn du Kräuter trocknest, hast du einen Vorrat für die Zeit, in der sie nicht wachsen. Pflücke ein Büschel Kräuter – am besten erntest du morgens – und binde sie mit einer Schnur zusammen. Hänge das Büschel an einer trockenen und luftigen Stelle im Haus auf. Warte ein paar Wochen. Die Kräuter sind fertig getrocknet, wenn sie leicht rascheln. Zupfe dann die trockenen Blätter ab, zerreibe sie fein und fülle sie am besten in Gläser mit Schraubdeckel.

Kräuterspirale

Kräuterspiralen wurden schon von den Menschen im Mittelalter angelegt. Die schneckenförmige Spirale mit dem höchsten Punkt in der Mitte erleichtert das Ernten und bietet unterschiedliche Wachstumsbedingungen. Im Zentrum wird die Erde mit Sand durchmischt, der Boden ist hier am trockensten. Das ist ideal für sonnenhungrige Küchenkräuter aus dem Mittelmeerraum wie z. B. Rosmarin, Lavendel, Thymian und Salbei. Je weiter man an der Spirale abwärts geht, umso höher ist der Anteil der Gartenerde und zum Ende auch Kompost. Im mittleren Bereich fühlen sich z. B. Zitronenmelisse, Schnittlauch und Petersilie wohl. Unten endet eine Kräuterspirale meist mit einem kleinen Teich. Das hält die angrenzenden Kräuter schön feucht. Brunnenkresse, Waldmeister und Pfefferminze gedeihen gut in diesem nährstoffreichen Boden.

Duftpflanzen und Naschkräuter

Stevia

Stevia wird auch Süßkraut genannt. Denn die Blätter dieser Pflanze sind 30-mal süßer als Zucker. Sie können frisch oder getrocknet direkt in Tee, Salat, Eis oder Süßspeisen gegeben werden. Wenn du die Blätter mit kochendem Wasser übergießt und 10 bis 30 Minuten ziehen lässt, erhältst du Süßkraut-Wasser, mit dem du ebenfalls süßen kannst.

Stevia kommt aus Südamerika und soll im Warmen überwintern. Während es draußen von Mai bis Juni ausgesät wird, ist die Aussaat auf der Fensterbank ganzjährig möglich. Lege die Samen auf die Erde, drücke sie leicht an und stelle sie dann warm! Stevia keimt langsam und unregelmäßig. Kleiner Tipp: Du kannst das Süßkraut auch als kleine Pflanze kaufen.

Brunos Tipp!

Zahnputzpflanze

Genug genascht? Dann ist Zähneputzen angesagt. Zupfe ein Salbeiblatt ab und reibe mit der rauen Seite mehrfach über deine Zähne. Salbei hemmt das Wachstum von Bakterien und sorgt für frischen Atem.

Brunos Rezept!

Kräuterbutter

Du brauchst:

1/2 Päckchen weiche Butter
3 Esslöffel gemischte Kräuter
1 Messerspitze Salz

Hacke die Kräuter (z.B. Petersilie, Basilikum, Salbei, Thymian und Rosmarin) sehr fein. Vermenge Kräuter und Butter mit einer Gabel, streue etwas Salz darüber und vermische alles gut miteinander. Fertig! Stelle die Kräuterbutter mindestens eine Stunde lang kalt. Sie schmeckt hervorragend zu frischem Brot, Kartoffeln, Grillfleisch und Gemüse.

Hör mal!

Blumen können nicht sprechen? Wer sagt denn so etwas? Schau dir z.B. einmal die Blüte eines Löwenmäulchens genau an: Wenn du sie zwischen Daumen und Zeigefinger vorsichtig zusammendrückst, öffnet sich die Blüte wie das kleine Maul eines Löwen, daher auch sein Name.

Oder halte dein Ohr an die Blüte einer Narzisse. Diese hübschen Blumen heißen nicht umsonst auch Osterglocken! Sei ganz leise und höre gut hin...

Brunos Spielidee!

Blüten zum Anbeißen

Was haben Kapuzinerkresse, Kornblumen, Veilchen, Gänseblümchen, Borretsch, Ringelblumen und Rosen gemeinsam? Ihre Blüten sind nicht nur schön anzusehen, sondern auch essbar. Du kannst damit z. B. Salate oder Torten verzieren, Eiswürfel machen, Brote belegen – oder sie einfach pur naschen.

Wichtig: Verwende nur Blüten von Blumen aus deinem eigenen Garten. Gekaufte Blumen sind oft gespritzt, es sei denn, sie sind vom Biogärtner.

Kornblume

Die Kornblume wächst oft wild am Rand von Kornfeldern, daher hat sie auch ihren Namen. Sie blüht von Juni bis September. Meist ist ihre Blüte leuchtend blau, manche Kornblumen blühen aber auch rosa. In jedem Fall kannst du die Blüte essen.

Sollen die Kornblumen in deinem Garten schon früh blühen, dann ziehe sie im Haus vor. Dazu werden die Samen von März bis April in Saatschalen oder Töpfchen ausgesät. Im Mai kannst du deine kleinen Kornblumen dann in größere Töpfe oder ins Beet auspflanzen. Lass zwischen den einzelnen Pflanzen jeweils etwa 25 cm Abstand. Von April bis Mai kannst du Kornblumen auch direkt ins Beet säen. Pikiere sie später im gleichen Abstand, damit sie nicht zu dicht wachsen. Eine tolle Erfindung der Natur: Kornblumen säen sich immer wieder selbst aus und kommen jedes Jahr wieder.

Brunos Rezept!

Blütenbrot

Du brauchst:

1 Scheibe Brot
1 Esslöffel Butter
Salz, Pfeffer
Gänseblümchen, Kornblumenblüten oder andere essbare Blüten

Bestreiche eine Brotscheibe dick mit Butter. Salze und pfeffere die Butter ein wenig. Wasche die Blüten gründlich, aber vorsichtig unter laufendem kaltem Wasser, streue sie dann auf das Brot und drücke sie leicht an. Überrasche doch deine Eltern oder deine Schulkameraden mit diesem Blütenbrot!

Kapuzinerkresse

Die Kapuzinerkresse ist eine der schnellsten Pflanzen. Ihre Samen keimen schon nach ein paar Tagen. Sie werden ab Mitte Mai direkt ins Beet ausgesät. Du kannst sie aber auch schon vier Wochen früher im Haus vorziehen und dann im Mai nach draußen pflanzen. Kapuzinerkresse gibt es als Beet- und als Kletterpflanze. Letztere solltest du an eine kleine Stange oder ein Stöckchen binden. Beim Wachsen wird sich die Pflanze um diese Stütze herumwinden. Die orangefarbenen, gelben oder roten Blüten und auch die runden Blätter sind essbar. Sie schmecken leicht scharf ähnlich wie Radieschen. Du kannst damit z. B. prima einen Salat dekorieren.

Blüten zum Anbeißen

Veilchen

Hast du schon einmal die Blüte eines Stiefmütterchens genascht? Stiefmütterchen gehören zu den Veilchen – ebenso wie Hornveilchen und Duftveilchen. Die Blüten all dieser Blumen sind essbar. Und die Blüten des Duftveilchens verströmen dazu auch noch einen wohlriechenden Duft.

Das Duftveilchen ist eine mehrjährige Pflanze, die meist erst im Jahr nach der Aussaat blüht, dafür dann aber schon sehr früh von März bis April. Dadurch ist es eine wertvolle erste Nahrungsquelle für Insekten. Um sich zu vermehren, bildet es lange Ausläufer. Zudem sät es sich selbst aus: Sind die Samen reif, platzen die Samenkapseln und die Samen streuen sich aus. Da sie eine süße Hülle haben, die von Ameisen gern gefressen wird, nennt man sie auch Ameisenbrötchen. Weil die Ameisen die Samen oft weit fortschleppen, verbreitet sich das Duftveilchen im ganzen Garten.

Die Samen keimen nur bei Temperaturen um den Gefrierpunkt. Außerdem brauchen sie ziemlich lange zum Keimen. Damit sie es kalt genug haben, sät man sie von August bis März direkt ins Beet. Drücke sie nur leicht an, denn das Duftveilchen ist nicht nur ein Kaltkeimer, sondern auch ein Lichtkeimer. Ein Duftveilchen braucht später etwa 20 x 20 cm Platz.

Veilchenblüten eignen sich gut als Verzierung für Salate und kandierte Veilchenblüten sind eine wunderhübsche Dekoration für Torten und Desserts.

Brunos Rezept!

Blüten-Eiswürfel

Wie wäre es mit einer Dekoration für Limonade und Co.?

Lege Blüten von Veilchen, Borretsch, Rosenblätter oder andere essbare Blüten in einen Eiswürfelbehälter und fülle diesen halb mit kohlensäurefreiem Mineralwasser auf. Das wird nicht so trüb wie Leitungswasser. Gib das Ganze ein paar Stunden ins Eisfach, bis es festgefroren ist. Dann fülle den Behälter vorsichtig bis zum Rand mit Mineralwasser auf und lass es nochmals gefrieren – fertig sind die Blüten-Eiswürfel!

Das Gartenjahr

Auch wenn die meisten Pflanzen im Frühling ausgesät und im Sommer und Herbst geerntet werden, gibt es in deinem Garten das ganze Jahr über etwas zu tun. Hier findest du die wichtigsten Aufgaben noch einmal im Überblick:

Frühling

- **Beet anlegen bzw. vorbereiten:** Umgraben, Erde lockern, jäten, düngen.
- **Pflanzen vermehren:** Stecklinge z. B. von Sommerflieder oder Lavendel ziehen.
- **Aussaatzeit:**
  - Ab Februar Möhren in Saatfurchen im Beet aussäen.
  - Im Februar/März Spazierstockkohl aussäen und im Mai/Juni nach draußen setzen.
  - Ab März frostempfindliche Pflänzchen im Haus vorziehen. Säe Tomaten, Zucchini, Kürbisse, Gurken, Riesenkohlrabi, Kapuzinerkresse oder die Schokoladenblume in Töpfen oder Saatschalen auf der Fensterbank aus.
  - Ab März Erdbeerspinat und Erbsen auf der Fensterbank oder im Beet aussäen.
  - Von März bis April Kornblumen auf der Fensterbank vorziehen, oder von April bis Mai direkt ins Beet säen.
  - Ab April Rattenschwanzrettich aussäen.
  - Im April Gummibärchenblume und Mohnbrötchenblume auf der Fensterbank aussäen.
  - Ab Mitte Mai kann Kapuzinerkresse auch direkt ins Beet gesät werden.
  - Von Mai bis Juni Stevia draußen aussäen.
- **Zu dicht stehende Pflänzchen pikieren**
- **Auspflanzen:** Ab Mitte Mai – nach den drei Eisheiligen – können vorgezogene frostempfindliche Pflanzen aus dem Haus nach draußen gesetzt werden: in Kübel, Blumenkästen, Töpfe oder ins Beet.
- **Tiere im Garten:** Regelmäßig für frisches Wasser in der Vogeltränke sorgen.

Sommer

- **Pflege:**
  - Rankhilfen und Stützstangen anbringen.
  - Tomaten regelmäßig ausgeizen.
- **Erntezeit:**
  - Möhren, Zucchini, erste Tomaten, Gurken, Kohlrabi, Rattenschwanzrettich, Erdbeerspinat, Erbsen, Erdbeeren und vieles mehr ernten.
  - Kräuter ernten, bevor sie blühen.
- **Vorräte anlegen:** Kräuter trocknen.
- **Pflanzzeit:** Im August Erdbeeren pflanzen, damit du im nächsten Jahr ernten kannst.
- **Tiere im Garten:** Regelmäßig für frisches Wasser in der Vogeltränke sorgen.
- **Pflanzen vermehren:** Erdbeerpflanzen vermehren.

Das Gartenjahr

Herbst

- **Erntezeit:**
  - Tomaten, Gurken, Kürbisse, Spazierstockkohl, Erdbeerspinat, Kohlrabi und vieles mehr ernten.
  - Samen ernten.
- **Pflanzzeit:** Blumenzwiebeln pflanzen.
- **Aussaatzeit:** Duftveilchen draußen aussäen.
- **Pflanzen vermehren:** Zu groß gewordene Stauden teilen und verschenken oder an anderen Stellen wieder einpflanzen.
- **Vielleicht noch ein neues Beet anlegen, damit du im kommenden Frühjahr etwas weniger zu tun hast.**
- **Tiere im Garten:**
  - Regelmäßig für frisches Wasser in der Vogeltränke sorgen.
  - Aus trockenem Laub, Zweigen und Ästen einen Schlafplatz für Igel herrichten.

Winter

- **Erntezeit:** Grünkohl ernten.
- **Pflege:** Gartengeräte pflegen, evtl. beschädigte Geräte ersetzen.
- **Tiere im Garten:** Bei Frost Vögel füttern.

Wichtige Adressen

Gartenversender

Sind die Samen aus diesem Buch aufgebraucht? Oder möchtest du noch mehr Saatgut, Blumenzwiebeln oder kleine Pflänzchen bestellen? Dann bist du bei den folgenden Adressen richtig.

Die Samen aus diesem Buch kannst du nachbestellen bei:

moses. Verlag GmbH
Arnoldstr. 13d
D-47906 Kempen

info@moses-verlag.de
www.moses-verlag.de/samenfuersbuch

Kiepenkerl
Kunden-Service
Im Weidboden 12
D-57629 Norken
Telefon: 02661/94052-84
www.kiepenkerl.de

Rühlemann's Kräuter & Duftpflanzen
Auf dem Berg 2
D-27367 Horstedt
Bestell-Telefon: 04288/928558
(Mo-Fr, 8-13 und 14-16 Uhr)
www.ruehlemanns.de

Gärtner Pötschke
Beuthener Straße 4
D-41561 Kaarst
Telefon: 01805/861100 (14 ct/Min)
www.poetschke.de
Bei Poetschke gibt es neben Saatgut und Pflanzen u. a. auch Gartengeräte.

Hier bekommst du die Samen der Gummibärchenblume®:
Syringa
Duftpflanzen und Kräuter
Dipl. Biol. Bernd Dittrich
Bachstraße 7 (nur Büroanschrift)
D-78247 Hilzingen-Binningen
Telefon: 07739/1452
www.syringa-samen.de

Hier bekommst du die Spazierstockkohl-Samen:
Thompson & Morgan
Postfach 1069
D-36243 Niederaula
Telefon: 0800/1830788
www.thompson-morgan.de

Ahrens+Sieberz
Großversand-Gärtnerei
Hauptstr. 436
D-53718 Siegburg
Bestell-Telefon: 0180/5140514 (14 ct/Min)
www.ahrens-sieberz.de

Finkens Garten

Finkens Garten ist ein Naturerlebnisgarten der Stadt Köln für Kinder im Vorschulalter. Hier werden speziell für kleine Gäste viele Pflanzen kultiviert, die noch fast keiner kennt und die Kindern Spaß machen. Seit 1996 wird alljährlich die „Kinderpflanze des Jahres" gewählt.

2005/2006 wurde Finkens Garten erstmals als offizielles Projekt der UN-Weltdekade „Bildung für nachhaltige Entwicklung" ausgezeichnet. Auch für 2007/2008 und 2009/2010 erhielt der Naturerlebnisgarten die begehrte Auszeichnung.

Öffnungszeiten:

Finkens Garten ist ganzjährig samstags, sonntags und an Feiertagen von 9.00 bis 18.00 Uhr geöffnet. Auch an den Weihnachtsfeiertagen, Silvester und Neujahr kann Finkens Garten besucht werden.

An den anderen Wochentagen ist er für Kindergärten und Kindertagesstätten, Schulen und Fachschulen aller Stufen geöffnet.

Anschrift:
Finkens Garten
Herr Bernd Kittlass
Friedrich-Ebert-Straße 49
D-50996 Köln (Rodenkirchen)
Telefon: 0221/2857364 (8-9 Uhr)
E-Mail: finkensgarten@netcologne.de
www.finkens-garten.de

Alle Pflanzen auf einen Blick

Brombeere 26, 31
Basilikum 12, 50, 53
Brennnessel 6, 21, 22
Brutblatt 15, 31
Buchsbaum 29
Duftveilchen 56, 60
Efeu 29
Eibe 29
Engelstrompete 29
Erbse (Zuckererbse) 45, 58, 59
Erdbeere 27, 28, 31, 59
Erdbeerspinat 44, 45, 58-60
Fingerhut 29
Gänseblümchen 54, 55
Giersch 21, 24
Goldregen 29
Grünkohl 27, 61
Gummibärchenblume® 15, 49, 58
Gurke 23, 27, 40, 58-60
Hahnenfuß 21
Haselnuss 10, 30
Himbeere 26-28
Holunder 30
Hornveilchen 56
Johannisbeere 31
Kapuzinerkresse 54, 55, 58
Kartoffel 26, 53
Kirsche 28

Kirschtomaten 41, 42
Kohlrabi 27, 38, 58-60
Koriander 50
Kornblume 54, 55, 58
Kresse 12, 50, 51
Krokus 19
Kürbis (Riesenkürbis) 11, 26, 27, 39, 58, 60
Lavendel 27, 30, 34, 47, 50, 51, 58
Löwenmäulchen 53
Löwenzahn 21
Lupine 29
Mädchenauge 30
Maiglöckchen 29
Margerite 30, 34
Minigurke 40
Mohnbrötchenblume 49, 58
Möhre 11, 26, 42, 58, 59
Narzisse (Osterglocke) 19, 29, 53
Oregano 27, 50
Petersilie 14, 50, 51, 53
Pfefferminze 47, 50, 51
Preiselbeere 31
Quecke 21, 24
Radieschen 14, 43, 55
Rettich, Rattenschwanz 15, 43, 58, 59
Rhabarber 30
Riesenkohlrabi 38, 58
Ringelblume 34, 54

Rittersporn 29
Rose 47, 54, 57
Rosenkohl 27
Rosmarin 50, 52, 53
Rucola 27, 45
Salbei 30, 50-53
Schmetterlingsmagnet 15, 34
Schneeglöckchen 19
Schnittlauch 50, 51
Schokoladenblume 15, 48, 58
Sommerflieder 30, 34, 58
Sonnenblume (Riesensonnenblume) 11, 15, 23, 34, 36, 37
Spazierstockkohl 15, 43, 58, 60
Spinat 27, 44
Stachelbeere 31
Stevia (Süßkraut) 50, 52, 58
Stiefmütterchen 56
Thymian 12, 27, 34, 47, 50, 51, 53
Tollkirsche 29
Tomaten 11, 12, 15, 26, 28, 41, 42, 58-60
Tulpe 19
Veilchen 12, 47, 54, 56, 57
Waldmeister 31, 50, 51
Walnuss 36, 49
Zahnputzpflanze 15, 46, 52
Zitronenbasilikum 50
Zitronenmelisse 50, 51
Zucchini 27, 40, 58, 59

Die perfekte Ausrüstung für die ersten Schritte im Garten:

Mein kleiner Garten Geräte-Gürtel
Gürteltasche mit praktischem Reißverschlussfach. Inklusive 2 Schaufeln und 1 Harke.
Art.-Nr. 87102

Mein kleiner Garten Pflanzschilder
4 bunte Pflanzschilder mit wasserfestem Stift zum Markieren des Gesäten.
Art.-Nr. 87105

Mein kleiner Garten Handschuhe
Mit Stickerei und Griff-Noppen. Größe passend für Kinder bis 8 Jahren.
Art.-Nr. 87104

Diese und viele weitere Artikel unter:
www.moses-verlag.de

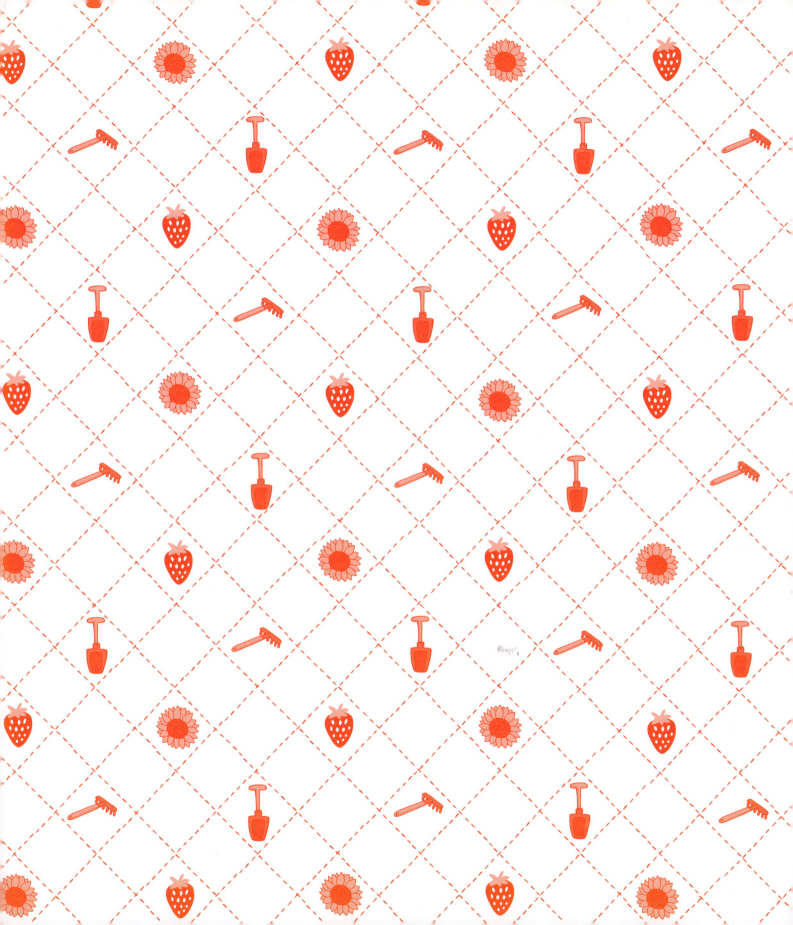